신기한 독서 훈련

읽고 싶어 근질근질해지는 책

ASOBINAGARA HON WO YOMU SHUKAN GA MI NI TSUKU! FUSHIGINA DOKUSHO DRILL
by KAZUMASA TSUNODA

Copyright © KAZUMASA TSUNODA 2018
Korean translation copyright © Midnight Bookstore 2019
All rights reserved.

Originally published in Japan in 2018 by SOGO HOREI PUBLISHING CO.,LTD., TOKYO.
Korean translation rights arranged with SOGO HOREI PUBLISHING CO.,LTD., TOKYO,
through TOHAN CORPORATION, TOKYO, and Duran Kim Agency, SEOUL.

이 책의 한국어판 저작권은 듀란킴 에이전시를 통한 저작권사와의 독점계약으로 '㈜심야책방'에 있습니다.
저작권법에 의하여 한국 내에서 보호를 받는 저작물이므로 무단전재 및 복제를 금합니다.

읽고 싶어 근질근질해지는 책

신기한 독서 훈련

가즈마사 쓰노다 글 | 오우성 그림 | 혜원 옮김

제제의숲

부모님께

'아이가 좀처럼 독서를 하지 않는다.'
'책을 줘도 게임만 하고 있다.'
'국어 성적이 오르지 않는다.'

이처럼 아이의 문제로 고민하고 있나요?

이 책의 저자 가즈마사 쓰노다입니다. 2010년 일본 속독 경연 대회에서 1위를 하고 나서, 저처럼 모든 사람이 독서를 해서 목적을 달성했으면 하는 마음으로 이 책을 펴냈습니다.

저도 한때는 독서를 엄청 싫어했으니까요. 국어도 못하고, 관련 시험을 보면 온통 틀린 답투성이였지요. 그러나 지금은 한 해에 500권이 넘는 책을 읽게 되었습니다. 어떻게 독서를 싫어하던 제가 책을 몇 백 권이나 읽을 수 있게 되었을까요?

동기는 주택 대출이었습니다. 급여를 훨씬 웃도는 대출을 받아 버리는 바람에 크게 후회하던 때에 어느 투자가에게 가르침을 청할 기회를 잊있습니다. 그분은 이렇게 말했지요.

"돈 버는 걸 배우고 싶다면 이 책을 읽으세요."

그분이 말한 '이 책'은 국어사전 만큼이나 두꺼운 책이어서 저는 무척이나 당황했지요. 그 정도로 두껍고 글씨 많은 책을 지금까지 읽어 본 적이 없었거든요. 그래서 없는 돈을 몽땅 털어 책을 빨리 읽을 수 있는 속독 학원에 다녔습니다. 머지않아 저는 책을 제대로 이해하면서 한 쪽을 읽었고, 빠르게 이해하면서 열 쪽을 읽더니, 어느새 400쪽이나 되는 책을 빠르면서도 정확하게 읽어 냈습니다. 이윽고 독서 능력을 겨루는 속독 대회에 나가서 준우승까지 해냈지요! 이후 저는 속독 대회에서 1위를 한 사람과도 겨루어 우승하고, 대회에 참가한 2만 명이 넘는 사람들 중에서 1위를 하게 되었습니다.

이 경험에서 알게 된 것이 있었습니다. 그것은 두 가지 힘을 몸에 익힌다면 얼마든지 독서가 즐거워진다는 것이지요. 그 두 가지 힘을 기를 열쇠가 바로 어휘력과 글자의 이미지화 능력입니다. 이 힘만 제대로 기르면 독서는 즐거워지고 '습관'이 바뀝니다.

이 책에서는 어휘력과 글자의 이미지화 능력을 향상시키기 위해, 초등 저학년이라도 즐겁게 할 수 있는 문제를 준비했습니다. 문제라고 하기는 했지만 퍼즐이나 퀴즈, 게임 같은 것들이에요. 아이들과 함께 놀이하듯 즐겨 보세요. 혼자서 학교 시험 점수를 올리기 위해 머리를 싸매고 문제를 푸는 것보다 즐겁게 풀 수 있을 거예요. 부디 이 책을 통해 아이들이 독서를 친근하게 생각하는 계기가 되면 좋겠습니다.

머리말

여러분에게 독서는 어떤 일인가요?

따분한 것? 즐거운 것?

지금 이 책을 읽는 것은 '책을 더 많이 읽고 싶다'는 생각 때문일 거예요.(아니면 엄마나 아빠가 읽으라고 했겠지요.)

'책을 읽는 건 국어 공부 같아서 싫어.'라고 생각하나요? 하지만 이 책에서 연습시키는 '두 가지 힘'을 몸에 익힌다면 여러분은 독서하는 걸 반드시 좋아하게 될 거랍니다.

사실 저도 옛날에는 독서를 엄청 싫어했어요. 책을 펼쳐도 이내 졸리고, 학교 교과목인 국어 성적도 '노력 요함'이었거든요. 하지만 어른이 되어서 깨달았습니다. 두 가지 힘만 익히면 누구라도 독서가 좋아진다는 것을요.

어떤 때는 400쪽이 넘는 책을 읽어야만 했습니다. 독서가 하기 싫었던 전 당연히 읽을 수 없었지요. 그래서 책 읽는 법을 가르쳐 주는 곳에 다니며 책을 읽기 시작했어요. 그러면서 분

량이 많은 책도 점점 술술 읽을 수 있게 되었고, 책을 읽는 것 자체가 즐거워지더라고요. 정신을 차려 보니 세상에! 하루에 책을 열 권 정도는 읽고 있지 뭐예요.

　이 책에는 실제로 제가 독서 능력을 기를 수 있었던 두 가지 힘을 확실히 배울 수 있는 독서 훈련용 문제를 실었습니다. 독서 능력을 키우는 데 도움이 되는 두 가지 힘은 여러 낱말을 알고 활용하는 '어휘력'과 글자를 이미지로 바꾸는 '이미지화 능력'입니다.

　문제이지만 사실 게임이나 퍼즐 형태로 만들어서 재미있게 훈련할 수 있답니다! 부모님은 물론 친구들과 문제에 도전해 보세요. 신나게 문제를 풀다 보면 어느새 독서가 즐거워질 거예요!

저자 가즈마사 쓰노다

차례

부모님께 • 4

머리말 • 6

이 책의 사용 방법 • 10

즐거운 독서를 위해 알아 두어야 할 것

독서가 왜 중요해? • 12

독서하는 사람은 이것이 달라! • 14

국어와 독서는 목적이 다르거든! • 16

독서를 하면 글짓기도 잘한다고? • 18

이 책의 목표는! • 20

2장
기초편
읽는 힘이 쑥쑥 크는 독서 훈련법

1 순서대로 찾기 · 22
2 다른 그림 찾기 · 25
3 다른 글자 찾기 · 33
4 다른 모양 찾기 · 41
5 다른 개수 찾기 · 45
6 인식해서 찾기 · 52
7 자음 모음 찾기 · 57
8 이미지 외우기 · 63
9 글자 외우기 · 70
10 끝말잇기 · 75

3장
응용편
읽는 힘이 쑥쑥 크는 독서 훈련법

1 순서대로 찾기 · 82
2 다른 그림 찾기 · 84
3 다른 글자 찾기 · 88
4 다른 모양 찾기 · 94
5 다른 개수 찾기 · 97
6 인식해서 찾기 · 103
7 자음 모음 찾기 · 105
8 이미지 외우기 · 110
9 글자 외우기 · 118
10 끝말잇기 · 125
11 글을 이미지화하기 · 129

꼬리말 · 140
옮긴이의 말 · 142

이 책의 사용 방법

1장 - 즐거운 독서를 위해 알아 두어야 할 것

1장에서는 여러분이 알아야 할 독서에 대한 생각을 정리했어요. 왜 독서가 중요한지, 독서를 통해 여러 능력을 향상시키는 방법 등을 설명합니다. 2, 3장에 있는 실전 문제에 도전하기 전에 반드시 읽어 주세요.

2장 기초편 - 읽는 힘이 쑥쑥 크는 독서 훈련법

독서 습관을 기르기 위한 훈련법이에요. 각 훈련법마다 먼저 어떤 훈련이고, 문제를 어떻게 푸는지를 설명하지요. 문제 푸는 방법을 잘 읽고 나서 문제를 풀어 보세요.

3장 응용편 - 읽는 힘이 쑥쑥 크는 독서 훈련법

기초편의 문제를 모두 풀었다면 한 번 도전해 보세요. 2장의 기초편보다 조금 어려운 문제로 구성되어 있습니다.

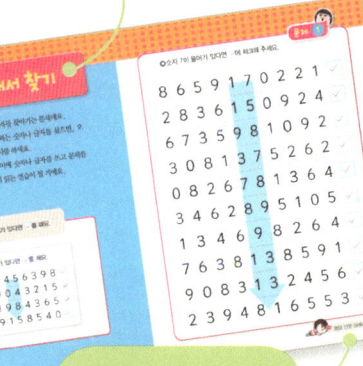

- 훈련법의 이름이지요.
- 훈련법 설명과 문제 푸는 방법이에요.
- 훈련법의 문제 푸는 방법을 예를 들어 보여 줘요.
- 정답이 있는 쪽은 문제 밑에 적어 놓았어요.

1장 즐거운 독서를 위해 알아 두어야 할 것

평생 도움이 되는
'어휘력'과 '이미지화 능력'을
키워 주거든.

　인터넷이 널리 퍼진 요즘에는 책을 읽는 사람이 점점 줄어들고 있다고 해요. 그러나! 독서는 중요합니다.
　확실히 인터넷으로 조사하면 필요한 정보를 쉽게 손에 넣을 수 있지요. 단, '조사하고 싶다고 생각하는 정보'밖에 손에 넣을 수 없습니다.
　그에 반해 책을 읽으면 알고 싶은 것과 관련된 사고법이나 지식, 어휘 등 수많은 알찬 정보를 동시에 알 수 있어요. 책에는 따로 찾지 않아도 자연스럽게 관련 내용을 읽게끔 구성되어 있거든요. 게다가 책을 쓴 사람은 그 방면의 전문가이지요. 글쓴이의 풍부한 경험으로 뒷받침되는 지식은 실전에서 참고가 되는 부분이 더 많답니다. 또 문학 작품을 읽으면 작가의 세계관을 통해 자신이 몰랐던 세계를 알게 되고, 책을 읽으면서 글로 묘사된 상황을 이미지로 바꾸는 능력을 향상시킬 수 있지요.

  책을 빨리 읽으면서도 제대로 이해하며 읽으려면 먼저 알아 두어야 할 게 있답니다. 책을 빨리 읽는다는 것은 반드시 글과 문장을 이해해야 한다는 거지요. 글과 문장을 제대로 이해해야만 비로소 '책을 빨리 읽는 능력'인 '속독'을 몸에 익힐 수 있거든요. 그렇기 때문에 이 책에서는 무조건적으로 책을 빨리 읽는 방법이 아니라, 먼저 독서에 필요한 힘을 기르기 위한 훈련용 문제를 준비했어요. 나머지 독서까지도 정말정말 좋아지는 계기가 되었으면 하는 마음으로요.

독서하는 사람은 이것이 달라!

만화로 독서 습관을 키울 수 있다고?

어릴 적부터 독서하는 습관을 기르려면 먼저 어휘력을 키우는 것이 중요해요. 여기에서 말하는 '어휘력'이란, '낱말을 이미지와 연결 짓는 힘'입니다.

'방종'이라는 낱말을 예로 들어 볼까요? 처음 이 낱말을 본 여러분이 사전에서 낱말의 뜻을 찾아봅니다. 그다음 찾은 낱말의 뜻을 그대로 소리 내어 읽고는 외우려고 해요. 그런데 그렇게 머릿속에 넣은 낱말이 과연 다음에도 기억날까요? '방종'이란 낱말을 다시 봐도 다음번에는 그 낱말의 뜻을 모르기 일쑤지요.

모르는 낱말의 뜻을 기억하기 위해서는 다른 어떤 방법보다 낱말을 이미지로 바꿔서 연관 지어 기억하는 것이 좋습니다!

  그건 또 어떻게 하는 거냐고요? 낱말을 이미지와 연관 지어 기억하는 방법이란 건 그리 어렵지 않아요. '방종'은 '어떤 규칙에 연연하지 않고 멋대로 행동하는 것'이라는 뜻이므로, 주위에 그런 사람이 있다면 그 사람의 얼굴과 함께 기억하는 것도 한 방법이지요.

  따라서 책을 별로 좋아하지 않고 독서하는 습관이 생기지 않았다면 먼저 만화나 도감부터 읽어 보는 것을 추천해요! 글자만 있는 책과 비교해 보면, 이미지인 그림과 낱말을 연관 지어 자연스럽게 어휘력을 키울 수 있으니까요. 익숙한 캐릭터가 등장하는 역사 학습 만화라든지, 흥미롭게 생각하는 분야의 학습 도감에 익숙해지고 나서 동화를 읽으면 더 쉽게 어휘력을 키울 수 있습니다. 나중에 대학 입시나 자격증을 공부할 때에도 큰 효과를 볼 수 있을 거고요.

국어와 독서는 목적이 다르거든!

독서의 목적은
'마음을 움직이는 문장을 만나는 것'이지.

왜 책을 읽기 싫을까요?

'게임이 더 재미있으니까!', '재미있다고 생각하는 책을 만나지 못했으니까.' 등의 이유일 거예요.

사람마다 여러 가지 이유가 있겠지만, 그중 하나가 국어 성적과 관련되어 있지요. 책에 나온 문장을 읽는 순간, 국어 교과서를 읽고 있는 듯한 기분이 들었던 적 있지 않나요?

그러나 국어와 독서는 달라요. 국어는 문장을 읽고 '가장 적절한 답을 고르는 것'이 목적이고, 독서는 '인상에 강하게 남는 문장과 만나는 것'이 목적이니까요.

그러니까 마음을 움직이는 문장을 찾았다면 독서의 목적은 충분히 달성했다고 볼 수 있습니다.

처음부터 정확하게 문장을 읽어 낼 필요는 없습니다. 좋은 성적을 내고 싶어서 책을 읽어야겠다고 생각하면 그 생각을 하자마자 재미있게 읽던 책도 재미없어지게 되니까요. 이미 재미없어진 책을 꾸역꾸역 읽어도 어휘력은 전혀 늘지 않고요.

읽고 싶은 책을, 스스로, 읽고 싶어서 읽다 보면 어휘력은 저절로 는답니다. 어휘력이 늘면 자연스럽게 국어 성적도 올라가지요. 먼저 즐겁게 읽을 수 있는 환경을 만드세요!

즐겁게 읽는다 ⇒ 읽는 양이 늘어나고,
어휘력도 올라간다 ⇒ 나중에는 국어 성적도 올라간다

이 단계로 진행된다는 점을 꼭 알아 두세요.

그럼! 독서는 문장력도 향상시키니까!

책을 읽으며 낱말이나 문장을 접할 기회가 많아지면, 읽는 힘 뿐만 아니라 문장을 쓰는 힘도 키울 수 있습니다. 많은 문장을 보면서 그 표현 방법과 문장 구성 등에 자연스럽게 익숙해지기 때문이지요.

앞에서도 말했다시피 이 책을 쓴 저 또한 원래 책 따위는 읽을 생각이 전혀 없던 사람이었어요. 그러나 책을 제대로 이해하면서 빠르게 읽는 방법인 속독을 배우고, 즐겁게 책을 읽게 되면서 매일 블로그에 글을 올리고, 매주 회원에게 발송하는 메일을 쓰는 등 많은 글쓰기 작업을 하게 되었지요. 특히 책을 쓸

때는, 알기 쉬우면서도 논리적으로 써야 하기 때문에 더욱 문장력이 좋아지더라고요.

 미국의 베스트셀러 작가 스티븐 킹의 《유혹하는 글쓰기》라는 책 본문에도 이런 말이 나옵니다.

 '작가가 되기 위해 반드시 해야 하는 일은, 많이 읽고, 많이 쓰는 것이다.'

 이 말은 '글을 쓰는 능력'인 '문장력'을 향상시키려면 많은 문장을 읽는 것이 큰 도움이 된다는 뜻이지요. 나아가 향상된 문장력은 여러분이 평소에도 자주 써야 하는 독서 감상문이나 글짓기 숙제에도 많은 도움이 됩니다. 무엇보다도 여러분의 학교생활이나 그 후의 인생을 살아가는 데에도 큰 장점으로 작용할 거예요.

이 책의 목표는!

독서는 인생을 개척하는
기초라는 걸 아는 거야!

  이 책은 독서를 싫어하는 아이도 독서가 즐거워지도록 연습하고 훈련할 수 있도록 구성했습니다. 이 책을 다 읽고 난 다음에는, 간단하게 읽을 수 있으면서도 관심 있었던 재미있는 책을 읽어 보세요.

  이렇게 하다 보면 점점 독서하는 일이 많아지고, 독서가 습관이 되면서 보다 많이 낱말을 배우게 되지요. 더불어 문장력이나 어휘력, 집중력 등의 능력도 키울 수 있고요.

  무엇보다 많은 책을 읽으면 여러 사람의 생각이나 세계관 등을 알 수 있답니다. 이 책을 계기로 여러분 인생에서의 선택의 폭이 넓어진다면 이 책을 쓴 사람으로서 더할 나위 없는 기쁨일 것입니다.

1 순서대로 찾기

　1부터 30까지 숫자가 나열되어 있어요. 번호 순서대로 눈으로 따라가 보세요.

　이 문제는 눈의 피로를 풀어 주고, 글자를 빨리 읽게 하는 효과가 있습니다.

　순식간에 문제를 다 풀었다면, 82쪽과 83쪽에 있는 알파벳을 순서대로 찾는 문제도 풀어 보세요. 숫자보다는 조금 어렵지만 속독 훈련에 더 익숙해지게 도와줄 거예요.

문제 푸는 방법: 눈과 목을 움직이지 말고, 숫자를 눈으로 따라가 보세요.

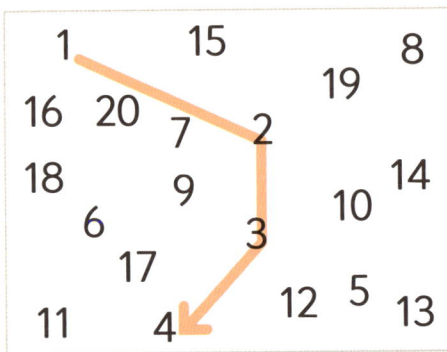

6　　　19　　　　16
　　　　　　2
11　　27　　　　8
　　　　　　25
23　　　10
　　　　　　　4
　　1　24
　　　　　17　　29
14
　　　　18　28
　　　30
　9
21　　3　　20
　　　　　　　13
　　26
　　　　　　5
7　　　　12
　　15　　　22

2 11 21 9
19 23 29
5
27
8 14 30
24 3
16 6 17
20 4
26 25 12
18
13 28
22 10 15
7 1

2 다른 그림 찾기

두 개의 그림에는 서로 다른 곳이 일곱 군데 있습니다. 다른 곳을 찾아 동그라미 하세요.

다른 곳을 빠르게 찾는 데는 요령이 있어요.

허리를 쫙 펴고, 눈이나 목을 가능한 한 움직이지 않은 채 그림을 살펴보는 거예요. 그렇게 하면 그림 전체를 볼 수 있기 때문에 그림에서 서로 다른 곳을 빨리 찾을 수 있답니다.

문제 푸는 방법

두 그림을 비교해 보면서
다른 곳 일곱 군데를 찾아 동그라미 하세요.

문제 1

정답은 32쪽에

정답은 32쪽에

2 정답

문제 ①

문제 ②

문제 ③

3 다른 글자 찾기

 같은 글자가 여러 개 나열되어 있어요. 얼핏 봤을 때는 다 같은 글자로 보이지만 그중 하나는 다른 글자예요. 다른 글자 하나를 찾아보세요.

 이 문제도 다른 그림 찾기를 할 때 알려 줬던 자세를 하고 찾아보면 됩니다. 눈이나 목을 가능한 한 움직이지 않고 찾는 것이 포인트예요.

 이 문제를 풀 수 있으면 한꺼번에 많은 글자를 볼 수 있게 되고, 시험을 볼 때 문제를 푸는 속도도 한결 빨라져요.

문제 푸는 방법

전체를 보면서 다른 글자가 있을 것 같은 곳을 생각하며 찾아보세요.

대	대	대	대	대	대	대	대	대	대
대	대	대	대	대	대	대	대	대	대
대	대	대	대	대	대	대	대	대	대
대	대	대	대	대	대	대	대	대	대
대	대	㉧태	대	대	대	대	대	대	대
대	대	대	대	대	대	대	대	대	대
대	대	대	대	대	대	대	대	대	대
대	대	대	대	대	대	대	대	대	대

신 신 신 신 신 신

신 신 신 신 신 신

신 신 신 신 신 신

신 신 신 신 신 신

신 신 신 신 신 신

신 신 신 신 신 신

신 신 신 신 신 신

신 신 신 신 신 신

신	신	신	신	신	신
신	신	신	신	신	신
신	신	신	신	신	신
신	신	신	신	신	신
신	신	신	신	신	신
신	신	신	신	신	신
신	신	신	신	산	신
신	신	신	신	신	신

은	은	은	은	은	은
은	은	은	은	은	은
은	은	은	은	은	은
은	은	은	은	은	은
은	은	은	은	은	은
은	은	은	은	은	은
은	은	은	은	은	은
은	은	은	은	은	은

은	은	은	은	은	은
은	은	은	은	은	은
은	은	은	은	은	은
은	은	은	온	은	은
은	은	은	은	은	은
은	은	은	은	은	은
은	은	은	은	은	은
은	은	은	은	은	은

정답은 40쪽에

 문제 3

곰	곰	곰	곰	곰	곰
곰	곰	곰	곰	곰	곰
곰	곰	곰	곰	곰	곰
곰	곰	곰	곰	곰	곰
곰	곰	곰	곰	곰	곰
곰	곰	곰	곰	곰	공
곰	곰	곰	곰	곰	곰
곰	곰	곰	곰	곰	곰

곰	곰	곰	곰	곰	곰
곰	곰	곰	곰	곰	곰
곰	곰	곰	곰	곰	곰
곰	곰	곰	곰	곰	곰
곰	곰	곰	곰	곰	곰
곰	곰	곰	곰	곰	곰
곰	곰	곰	곰	곰	곰
곰	곰	곰	곰	곰	곰

정답은 40쪽에

3 정답

문제 1

신 신 신 신 신 신 신 신 신 신 신
신 신 신 신 신 신 신 신 신 신 신
신 신 신 신 신 신 신 신 신 신 신
신 신 신 신 신 신 신 신 신 신 신
신 신 신 신 신 신 신 신 신 신 신
신 신 신 신 신 신 신 신 신 신 신
신 신 신 신 신 신 신 신 (산) 신
신 신 신 신 신 신 신 신 신 신

문제 2

은 은 은 은 은 은 은 은 은 은 은
은 은 은 은 은 은 은 은 은 은 은
은 은 은 은 은 은 은 은 은 은 은
은 은 은 은 은 은 은 (온) 은 은
은 은 은 은 은 은 은 은 은 은 은
은 은 은 은 은 은 은 은 은 은 은
은 은 은 은 은 은 은 은 은 은 은
은 은 은 은 은 은 은 은 은 은 은

문제 3

곰 곰 곰 곰 곰 곰 곰 곰 곰
곰 곰 곰 곰 곰 곰 곰 곰 곰
곰 곰 곰 곰 곰 곰 곰 곰 곰
곰 곰 곰 곰 곰 곰 곰 곰 곰
곰 곰 곰 곰 곰 곰 곰 곰 곰
곰 곰 곰 (공) 곰 곰 곰 곰 곰
곰 곰 곰 곰 곰 곰 곰 곰 곰
곰 곰 곰 곰 곰 곰 곰 곰 곰

4 다른 모양 찾기

같은 모양의 그림 중에서 하나만 모양이 다른 것이 있어요. 그것을 재빨리 찾아서 동그라미 하세요.

다른 것이 눈에 잘 띄지 않을 때에는 책을 조금 눈에서 떼고 보세요. 지금까지보다 훨씬 빠르게 다른 모양을 찾을 수 있을 거예요.

이 문제를 푸는 속도가 빨라질수록 글자를 보는 속도도 빨라진답니다.

다른 그림 하나를 찾으세요.

한 마리만 색깔이 달라요.

문제 1

정답은 50쪽에

한 마리만 흰 띠 모양이 달라요.

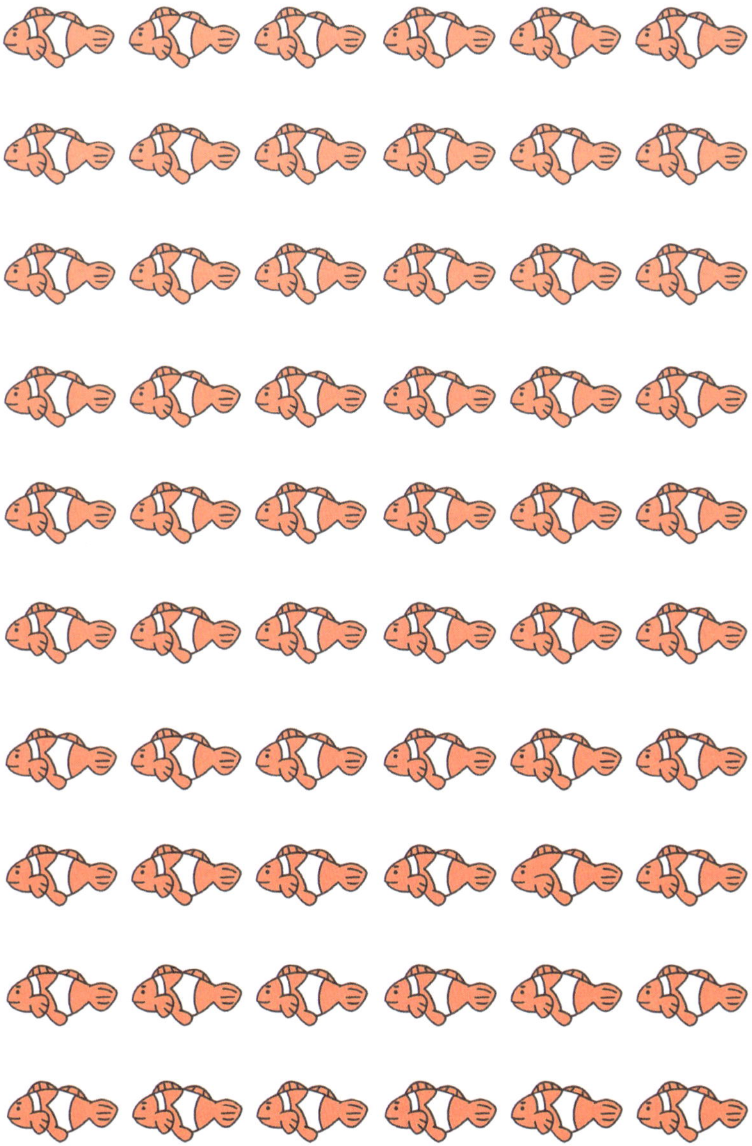

정답은 50쪽에

! 한 그루만 사과 개수가 달라요. 문제 3

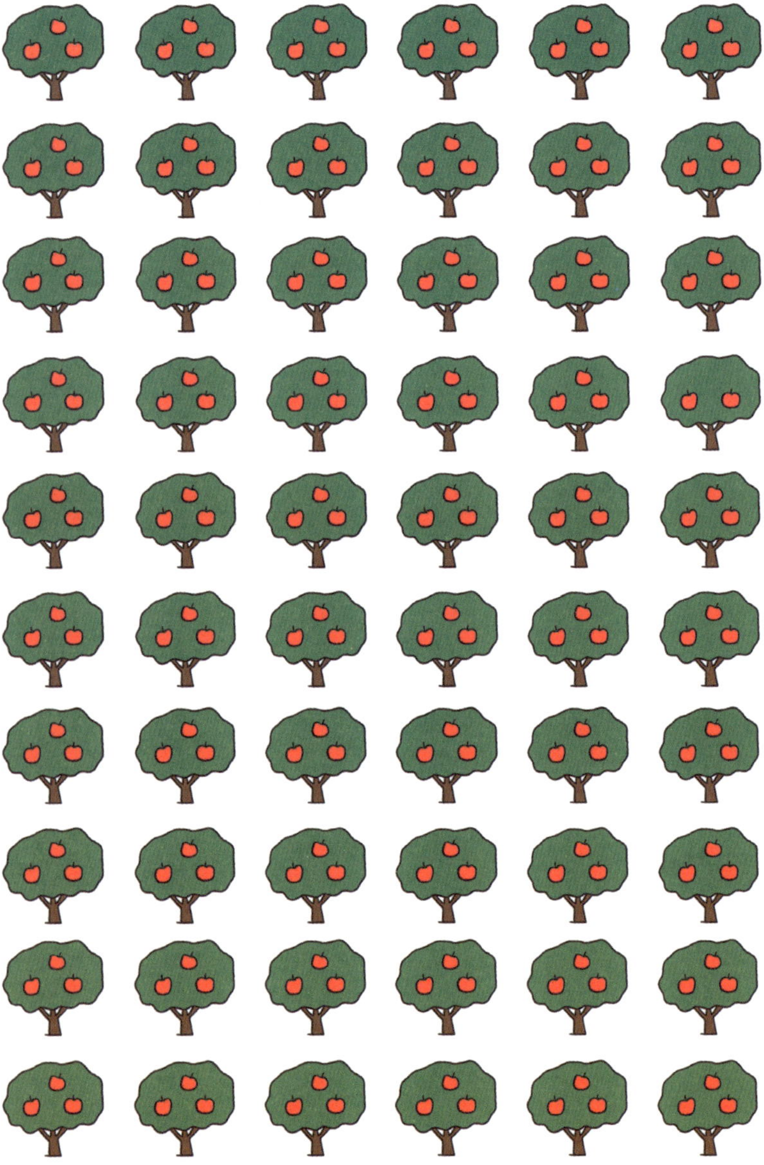

5 다른 개수 찾기

　문제 속에 ●나 ▲ 등의 도형이나 짧은 낱말이 나열되어 있어요. 왼쪽 칸과 오른쪽 칸을 비교해 보면서 개수가 다른 것을 찾아 동그라미하고, 수를 세어 보세요.

　97쪽부터 99쪽까지 문제에는 '사자성어'가 나열되어 있답니다. 사자성어의 뜻을 몰라도 걱정하지 마세요. 정답에서 사자성어의 뜻을 알려 주거든요. 어떤 책을 읽다가 알아 두었던 사자성어가 나오면 정말 기쁠 거예요. 그럴 때면 독서하는 일도 더 즐거워지지요.

문제 푸는 방법: 왼쪽 칸보다 수가 많은 기호나 숫자를 찾으세요.

문제 1

문제 2

정답은 51쪽에

새	개
	새
개	
	새
개	개
새	
	쥐
	새
쥐	쥐

딸기

　　　　귤

사과

　　　　　사과

　　　　딸기

　　　　　귤

사과

　　　귤

　　　　　　사과

　　　　　　　딸기

딸기　　　　사과

　　　　　　　　딸기

　　　　딸기

　　　딸기

4 정답

문제 1

문제 2

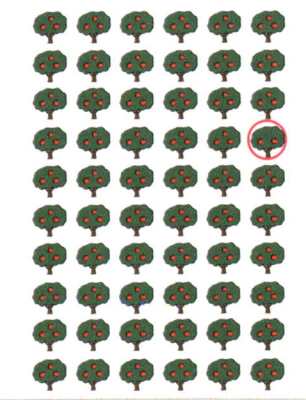

문제 3

5 정답

문제 1

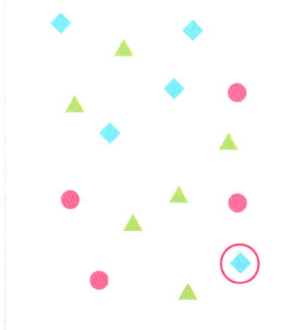

왼쪽과 비교해서 오른쪽에
◆가 하나 더 많아요.

문제 2

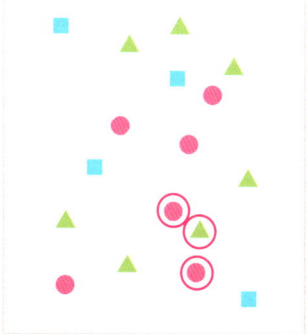

왼쪽과 비교해서 오른쪽에
▲가 하나, ●가 두 개 더 많아요.

문제 3

왼쪽과 비교해서 오른쪽에
새와 쥐가 하나씩 더 많아요.

문제 4

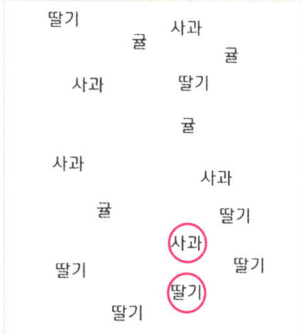

왼쪽과 비교해서 오른쪽에
사과와 딸기가 하나씩 더 많아요.

6 인식해서 찾기

지시문에서 지정하는 숫자나 글자를 찾아가는 문제예요.

한 줄씩 읽으면서 지정하는 숫자나 글자를 찾으면, 오른쪽 끝에 있는 빈칸에 체크 표시를 하세요.

문제를 모두 풀면, 스스로 종이에 숫자나 글자를 쓰고 문제를 만들어 보세요. 책을 보다 빨리 읽는 연습이 될 거예요.

문제 푸는 방법 지정된 숫자나 글자가 있다면 ✓를 해요.

숫자 7이 들어가 있다면 ✓를 해요.

1 8 0 6 4 5 6 3 9 8	
1 7 6 9 0 4 3 2 1 5	✓
7 2 6 1 9 8 4 3 6 5	✓
6 3 2 9 1 5 8 5 4 0	✓

숫자 7이 들어가 있다면 ✓ 에 체크해 주세요.

8	6	5	9	1	7	0	2	2	1	✓
2	8	3	6	1	5	0	9	2	4	✓
6	7	3	5	9	8	1	0	9	2	✓
3	0	8	1	3	7	5	2	6	2	✓
0	8	2	6	7	8	1	3	6	4	✓
3	4	6	2	8	9	5	1	0	5	✓
1	3	4	6	9	8	2	6	4		✓
7	6	3	8	1	3	8	5	9	1	✓
9	0	8	3	1	3	2	4	5	6	✓
2	3	9	4	8	1	6	5	5	3	✓

정답은 56쪽에

숫자 2가 들어가 있다면 ☑에 체크해 주세요.

7	6	4	8	2	6	1	8	4	8	✓
8	1	1	7	6	8	4	3	7	2	✓
8	7	3	5	6	7	1	0	4	5	✓
5	1	4	2	7	8	3	0	9	0	✓
3	1	7	8	3	6	0	9	4	5	✓
9	3	4	8	2	9	7	0	5	4	✓
1	8	7	5	6	1	0	9	3	1	✓
2	4	3	7	8	0	9	6	1	5	✓
9	5	9	3	4	8	7	1	0	4	✓
7	6	3	8	2	9	7	8	6	1	✓

정답은 56쪽에

글자 '이'가 들어가 있다면 ✓에 체크해 주세요.

아 에 위 우 야 이 오 우 아 애	☐
에 우 요 오 아 유 의 여 우 아	☐
오 에 유 외 아 이 예 우 어 이	☐
유 우 에 오 아 의 여 얘 위 아	☐
오 애 우 아 왜 유 오 이 으 에	☐
에 우 으 이 요 위 애 야 어 오	☐
아 오 여 왜 아 우 이 야 우 에	☐
오 이 위 우 에 요 아 의 우 아	☐
우 요 오 으 아 에 우 어 위 오	☐
이 에 우 의 아 외 애 야 오 유	☐

정답은 56쪽에

6 정답

문제 1

8	6	5	9	1	7	0	2	2	1	✓
2	8	3	6	1	5	0	9	2	4	
6	7	3	5	9	8	1	0	9	2	✓
3	0	8	1	3	7	5	2	6	2	✓
0	8	2	6	7	8	1	3	6	4	✓
3	4	6	2	8	9	5	1	0	5	
1	3	4	6	9	8	2	6	4		
7	6	3	8	1	3	8	5	9	1	✓
9	0	8	3	1	3	2	4	5	6	
2	3	9	4	8	1	6	5	5	3	

문제 2

7	6	4	8	2	6	1	8	4	8	✓
8	1	1	7	6	8	4	3	7	2	
8	7	3	5	6	7	1	0	4	5	
5	1	4	2	7	8	3	0	9	0	
3	1	7	8	3	6	0	9	4	5	
9	3	4	8	2	9	7	0	5	4	✓
1	8	7	5	6	1	0	9	3	1	
2	4	3	7	8	0	9	6	1	5	✓
9	5	9	3	4	8	7	1	0	4	
7	6	3	8	2	9	7	8	6	1	✓

문제 3

아	에	위	우	야	이	오	우	아	애	✓
에	우	요	오	아	유	의	여	우	아	
오	에	유	외	아	이	예	우	어	이	✓
유	우	에	오	아	의	여	얘	위	아	
오	애	우	아	왜	유	오	이	으	에	
에	우	으	이	요	위	애	야	어	오	
아	오	여	왜	아	우	이	야	우	에	✓
오	이	위	우	에	요	아	의	우	아	
우	요	오	으	아	에	우	어	위	오	
이	에	우	의	아	외	애	야	오	유	✓

7 자음 모음 찾기

　자음과 모음은 한글을 이루는 낱글자예요. 한글은 현재 자음 열네 자, 모음 열 자를 기본으로 하는 홑낱자에, 겹낱자까지 쓰고 있어요.

　이 문제에서는 보기 에 있는 낱자가 나열되어 있는 글자 속에 몇 개 숨어 있는지를 세는 거예요. 더하거나 빠지는 자음과 모음의 획을 주의해서 보세요.

문제 푸는 방법

긴장을 풀고 눈과 목을 움직이지 않고 살펴보세요.

보기

ㅎ

보기 의 낱자가 들어가 있는 글자의 수를 세어 보세요.

휴	유	옛	열	요
우	연	혀	여	엿
형	엥	여	현	연
항	양	야	영	앱
협	히	으	예	해
엽	이	여	혜	애

보기 의 낱자가 들어가 있는 글자의 수를 세어 보세요.

멸	별	매	묘	며
명	메	베	머	법
뱉	밑	마	모	입
뵈	보	바	몇	며
뫼	외	무	몃	엿
왜	뷰	뮤	볏	및

보기 의 낱자가 들어가 있는 글자의 수를 세어 보세요.

개	게	카	케	커
커	커	캐	멕	펫
벋	벧	벌	맷	멋
앰	낼	너	네	내
에	애	댕	댓	냇
헥	액	래	데	대

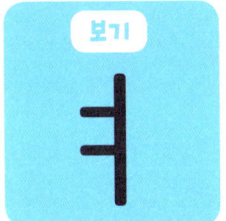 의 낱자가 들어가 있는 글자의 수를 세어 보세요.

영	양	것	쳤	잣
양	셜	캐	퍽	착
앙	성	겨	혀	펴
볕	받	형	혜	폐
벌	명	성	졌	팟
벋	멋	셨	섯	판

정답은 62쪽에

7 정답

문제 1

 의 낱자가 들어가 있는 글자의 수를 세어 보세요.

휴 유 옛 열 요
우 연 혀 여 엿
형 엥 여 현 연
항 양 야 영 앱
협 히 으 예 해
엽 이 여 혜 애

9개

문제 2

 의 낱자가 들어가 있는 글자의 수를 세어 보세요.

멸 별 매 묘 며
명 메 베 머 법
밸 밑 마 모 밉
뵈 보 바 몇 며
뫼 외 무 몃 엿
왜 뷰 뮤 볏 및

10개

문제 3

 의 낱자가 들어가 있는 글자의 수를 세어 보세요.

개 게 카 케 커
커 커 캐 멕 펫
벋 벤 벌 맷 멋
앰 낼 너 네 내
에 애 댕 댓 냇
헥 액 래 데 대

9개

문제 4

 의 낱자가 들어가 있는 글자의 수를 세어 보세요.

영 양 것 쳤 잣
양 셜 캐 퍽 착
앙 성 겨 혀 퍼
볕 받 형 혜 폐
벌 명 성 졌 팟
벋 멋 셨 섯 판

11개

8 이미지 외우기

그림을 잠깐 보고 특징을 외운 다음, 직접 똑같이 그려 보는 문제예요.

그림을 보는 시간은 처음에는 3초 정도로 하고, 두 번째부터는 2초, 1초로 점점 줄여 가며 풀어 보세요.

이 문제를 풀 수 있으면 글을 이미지로 만드는 힘이 길러지고 독서를 하면서 그 내용을 상상하기 쉬워져요. 책의 내용이 머릿속에 그려지면 독서도 훨씬 재미있어지지요.

문제 푸는 방법: 모양을 외워서 정답 쓰는 칸에 외웠던 모양을 그려 넣으세요.

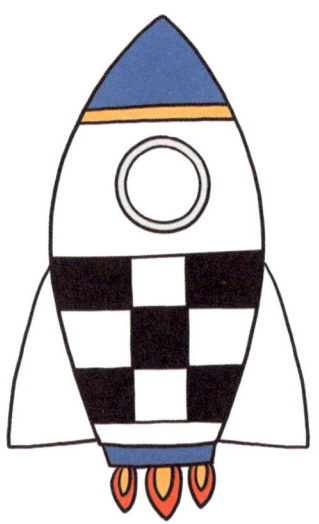
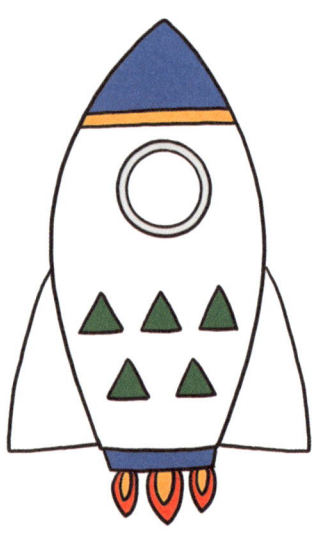

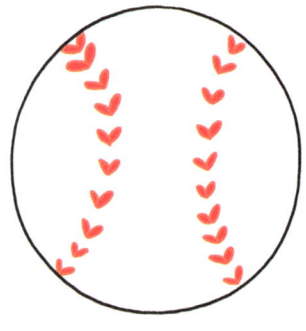
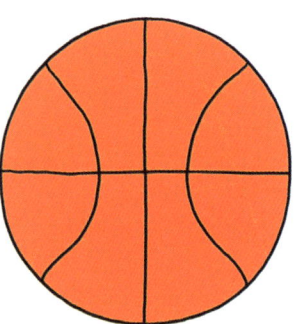
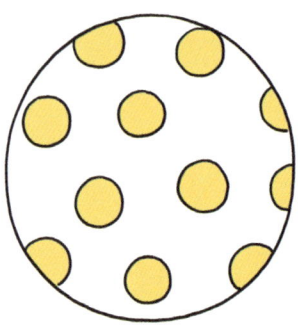

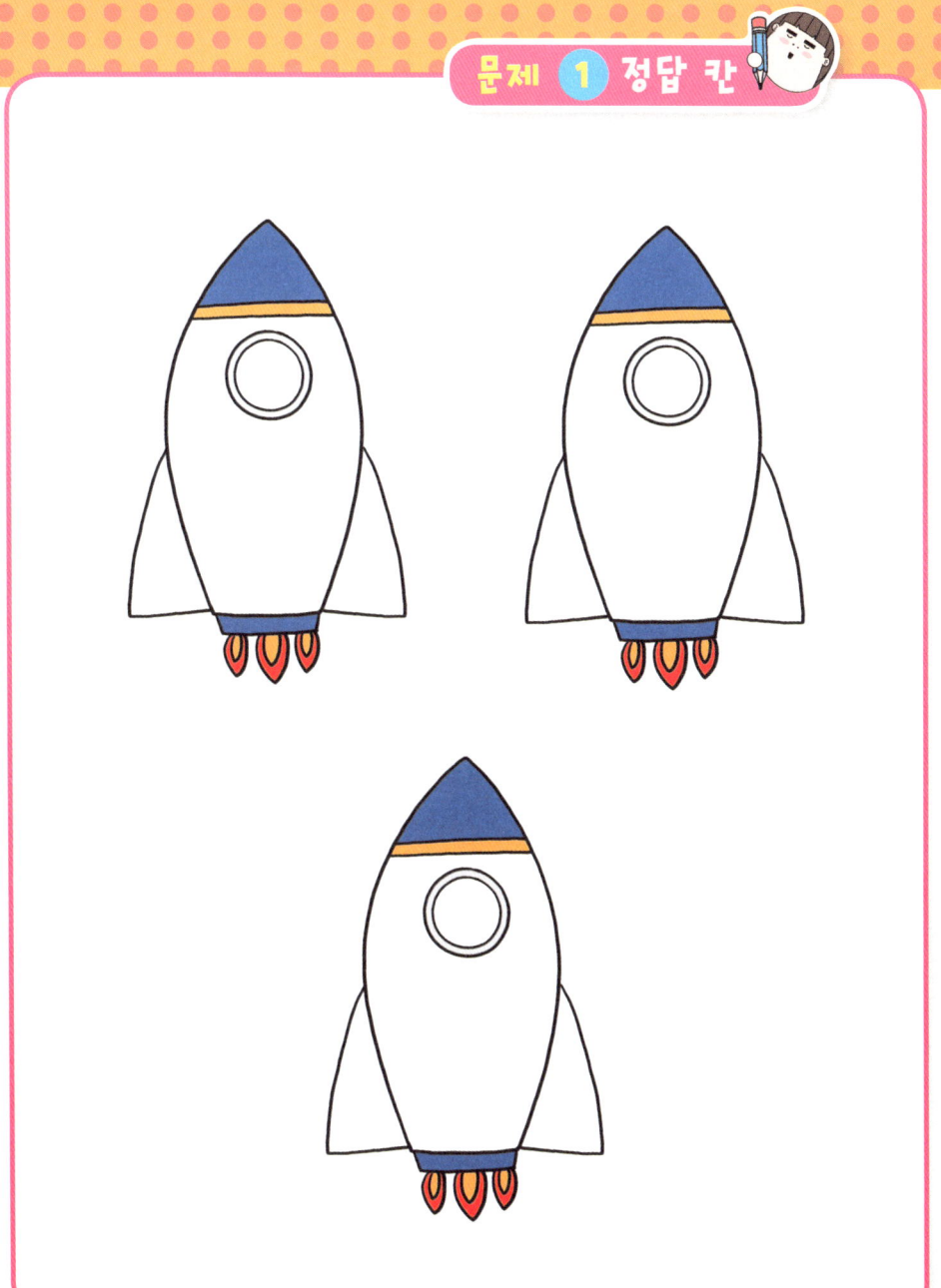

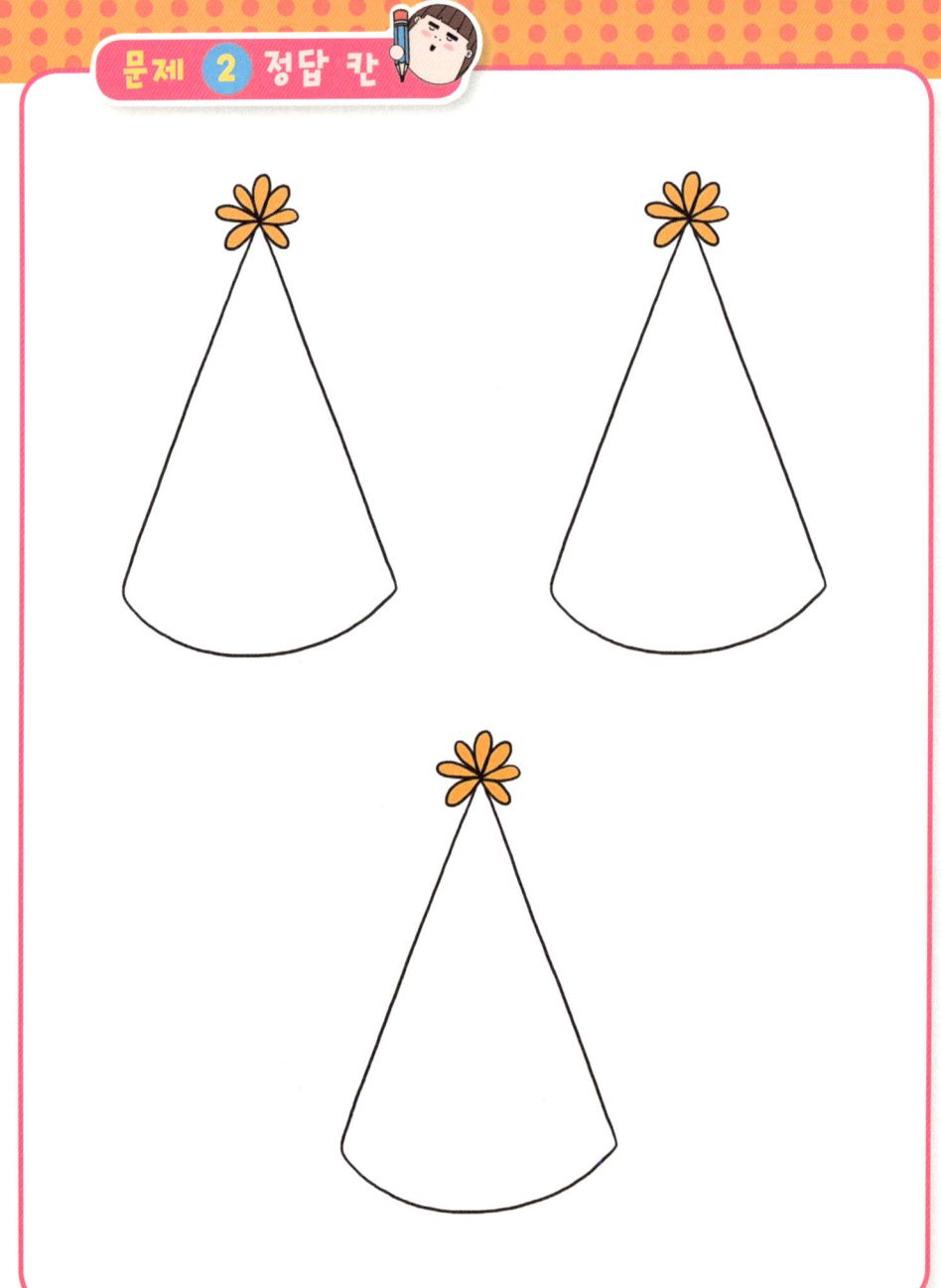

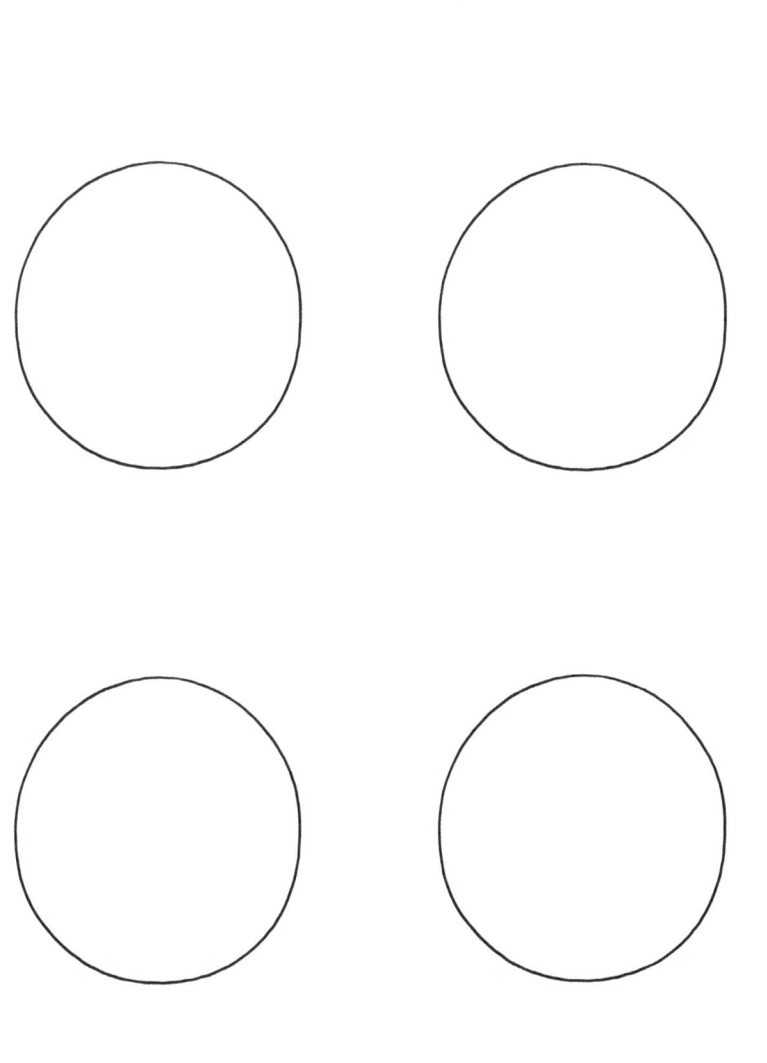

9 글자 외우기

　야채 그림을 외워 같은 위치에 있는 정답을 쓰는 칸에 '글자'로 답을 쓰는 문제예요.

　조금 전 문제와 동일한 방법으로, 한 문제 한 문제 풀면서 그림 보는 시간을 점점 줄여 가세요.

　이 문제를 풀 수 있으면 그림을 글자로, 글자를 그림으로 바꾸는 능력이 커지고, 책 읽는 속도도 빨라져요. 그러다 보면 독서할 때 저절로 글이 이미지로 바뀌어 보다 풍부한 것들을 경험할 수 있지요.

　우리말로 대답하는 게 능숙해지면, 영어로도 대답해 보세요.

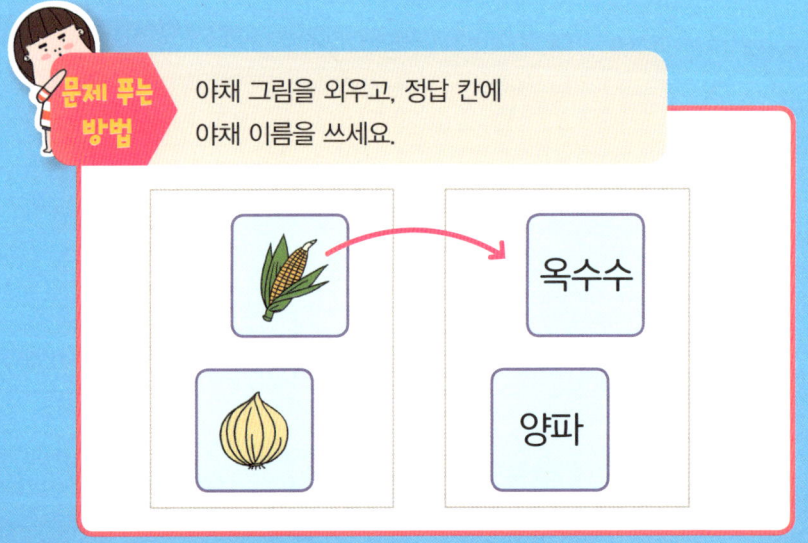

문제 푸는 방법: 야채 그림을 외우고, 정답 칸에 야채 이름을 쓰세요.

문제 1

문제 2

정답 칸은 72쪽에

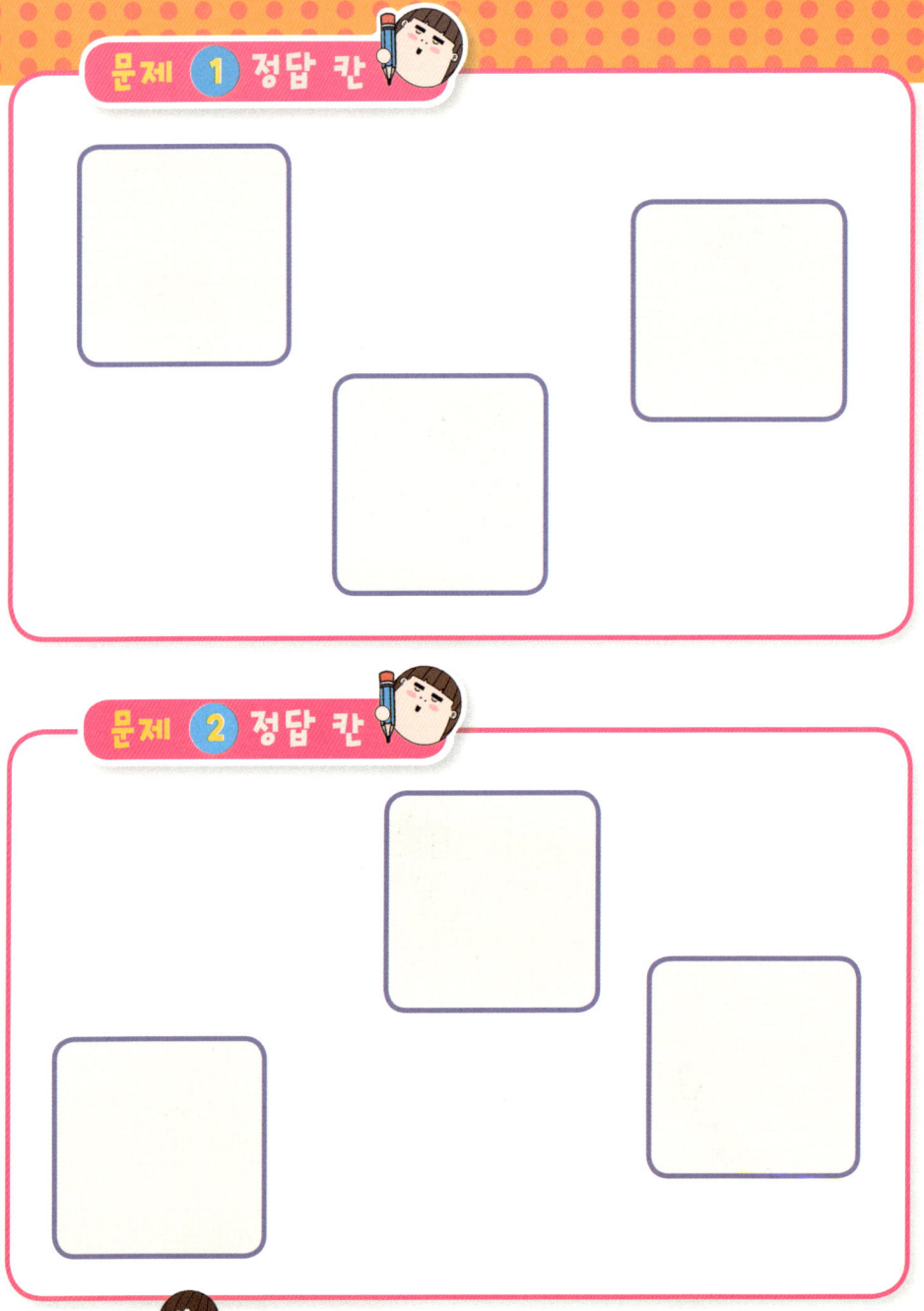

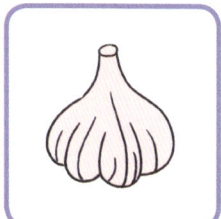

문제 3 정답 칸

10 끝말잇기

끝말잇기를 하는데 앞의 말과 뒤의 말 사이가 비어 있어요. 이 빈칸을 채우는 문제예요. 힌트를 참고하여 알고 있는 낱말을 잘 떠올리면서 빈칸에 낱말을 써 넣으세요.

정답인 낱말과 다른 낱말을 써도 괜찮아요. 끝말잇기만 된다면 모두 정답이니까요.

아무리 생각해도 잘 모르겠다면 정답을 보고, 그 낱말을 외워 보세요.

문제 푸는 방법

끝말잇기가 되도록 빈칸에 낱말을 써 보세요.

사과 ⋯ 과 자 ⋯ 자연
핑크 ⋯ 크 레 용 ⋯ 용사
오렌지 ⋯ 지 도 ⋯ 도로
교과서 ⋯ 서 점 ⋯ 점토
노란색 ⋯ 색 연 필 ⋯ 필통
비행기 ⋯ 기 억 력 ⋯ 역도

75

문제 1

아버지 ⋯▶ ☐☐ ⋯▶ 구두쇠

바나나 ⋯▶ ☐☐ ⋯▶ 비누

열쇠 ⋯▶ ☐☐☐☐ ⋯▶ 리본

바다 ⋯▶ ☐☐☐ ⋯▶ 미용실

딸기 ⋯▶ ☐☐☐ ⋯▶ 길거리

토마토 ⋯▶ ☐☐☐ ⋯▶ 일주일

수박 ⋯▶ ☐☐☐ ⋯▶ 관광지

키위 ⋯▶ ☐☐ ⋯▶ 성공

양배추 ⋯▶ ☐☐ ⋯▶ 억만장자

어린이 ⋯▶ ☐☐☐ ⋯▶ 기러기

정답은 80쪽에

코알라 ⋯ ▢▢ ⋯ 오리

사자 ⋯ ▢▢ ⋯ 차례

코뿔소 ⋯ ▢▢ ⋯ 책가방

강아지 ⋯ ▢▢ ⋯ 본보기

여우 ⋯ ▢▢ ⋯ 국어

상어 ⋯ ▢▢ ⋯ 니트

사마귀 ⋯ ▢▢ ⋯ 이어폰

너구리 ⋯ ▢▢ ⋯ 트럭

하마 ⋯ ▢▢ ⋯ 지우개

도마뱀 ⋯ ▢▢ ⋯ 어머니

정답은 80쪽에

문제 3

벚꽃 ⋯▶ ☐☐☐ ⋯▶ 발가락

설탕 ⋯▶ ☐☐☐ ⋯▶ 육지

미역 ⋯▶ ☐☐☐ ⋯▶ 가족

낙타 ⋯▶ ☐☐☐☐ ⋯▶ 할아버지

창고 ⋯▶ ☐☐☐☐ ⋯▶ 치료

핫도그 ⋯▶ ☐☐☐ ⋯▶ 자전거

짬뽕 ⋯▶ ☐☐☐ ⋯▶ 무지개

우산 ⋯▶ ☐☐☐ ⋯▶ 태극기

운동화 ⋯▶ ☐☐☐ ⋯▶ 품위

텔레비전 ⋯▶ ☐☐☐☐ ⋯▶ 호랑이

정답은 80쪽에

9 정답

문제 1

- 옥수수 corn
- 감자 potato
- 당근 carrot

문제 2

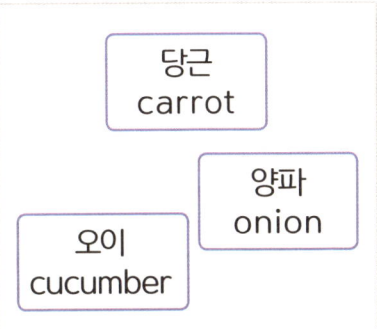

- 당근 carrot
- 오이 cucumber
- 양파 onion

문제 3

- 마늘 garlic
- 당근 carrot
- 감자 potato
- 옥수수 corn

10 정답

문제 1

아버지 → 지구 → 구두쇠
바나나 → 나비 → 비누
열쇠 → 쇠똥구리 → 리본
바다 → 다리미 → 미용실
딸기 → 기찻길 → 길거리
토마토 → 토요일 → 일주일
수박 → 박물관 → 관광지
키위 → 위성 → 성공
양배추 → 추억 → 억만장자
어린이 → 이야기 → 기러기

문제 2

코알라 → 라디오 → 오리
사자 → 자동차 → 차례
코뿔소 → 소설책 → 책가방
강아지 → 지구본 → 본보기
여우 → 우체국 → 국어
상어 → 어머니 → 니트
사마귀 → 귀걸이 → 이어폰
너구리 → 리조트 → 트럭
하마 → 마사지 → 지우개
도마뱀 → 뱀장어 → 어머니

문제 3

벚꽃 → 꽃다발 → 발가락
설탕 → 탕수육 → 육지
미역 → 역사가 → 가족
낙타 → 타지마할 → 할아버지
창고 → 고슴도치 → 치료

핫도그 → 그림자 → 자전거
짬뽕 → 뽕나무 → 무지개
우산 → 산사태 → 태극기
운동화 → 화장품 → 품위
텔레비전 → 전화번호 → 호랑이

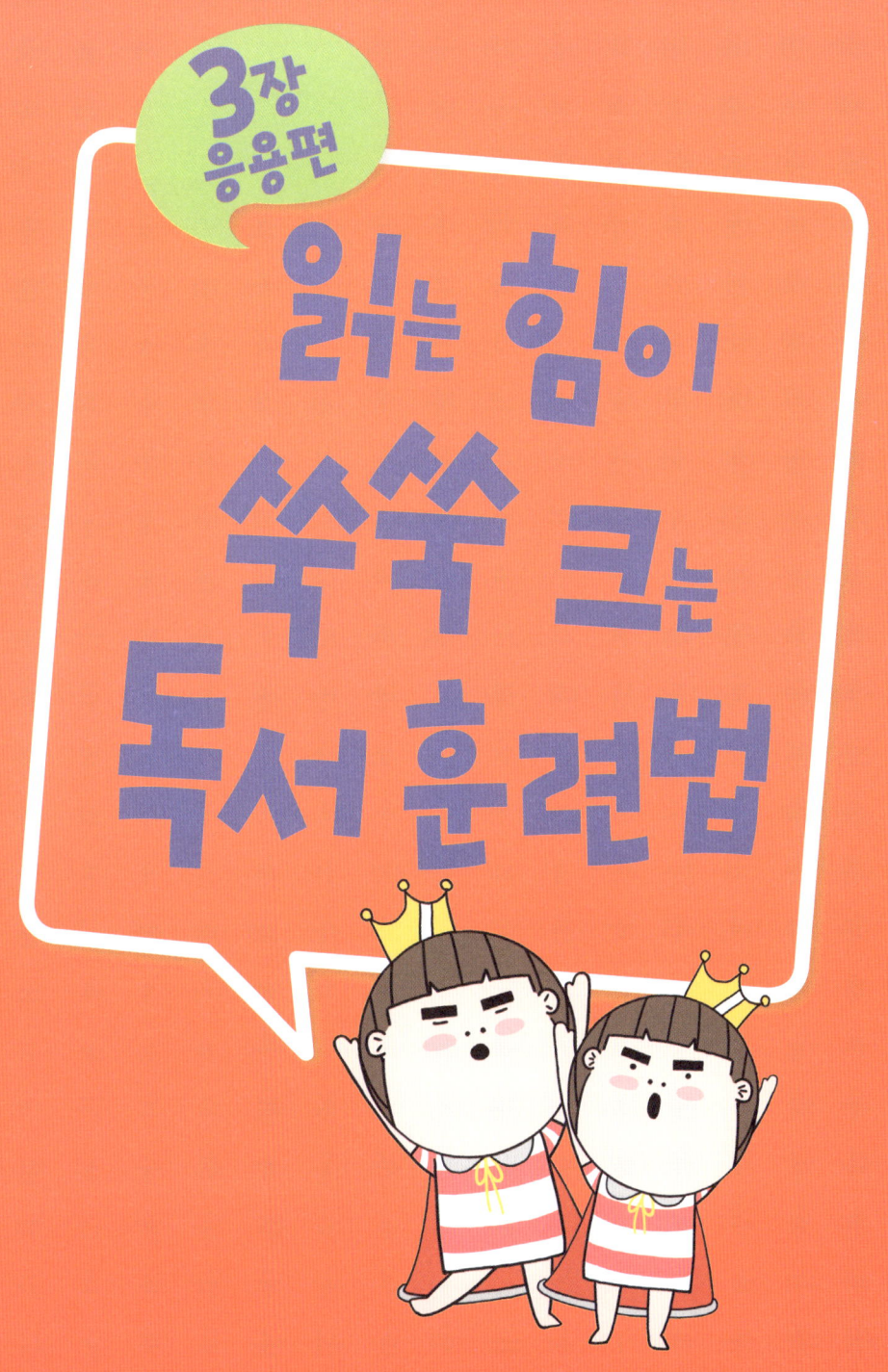

순서대로 찾기

문제 푸는 방법은 22쪽에

V S P R N
K C W
E T
J H B
F G
O M Y
L
A U
Z Q I X D

n　　r　　g

a　　　　x　h

　　　w　m　　　c

i　　　　　　　　　p

　　　　　　t

　　　　e

s　　　　　　　　u

　　k　　　z

y　　　　　　　b

　　d　v　o

j　　　q　　f　l

다른 그림 찾기

문제 푸는 방법은 25쪽에

정답은 92쪽에

85

정답은 92쪽에

레벨 업 3 : 다른 글자 찾기

▶ 문제 푸는 방법은 33쪽에

꽃	꽃	꽃	꽃	꽃	꽃
꽃	꽃	꽃	꽃	꽃	꽃
꽃	꽃	꽃	꽃	꽃	꽃
꽃	꽃	꽃	꽃	꽃	꽃
꽃	꽃	꽃	꽃	꽃	꽃
꽃	꽃	꽃	꽃	꽃	꽃
꽃	꽃	꽃	꽃	꽃	꽃
꽃	꽃	꽃	꽃	꽃	꽃

꽃 꽃 꽃 꽃 꽃 꽃
꽃 꽃 꽃 꽃 꽃 꽃
꽃 꽃 꽃 꽃 꽃 꽃
꽃 꽃 꽃 꽃 꽃 꽃
꽃 꽃 꽃 꽃 꽃 꽃
꽃 꽃 꽃 꽃 꽃 꽃
꽃 꽃 꽃 꽃 꽃 꽃
꽃 꽃 꽃 꽃 꽃 꽃

정답은 93쪽에

닭	닭	닭	닭	닭	닭
닭	닭	닭	닭	닭	닭
닭	닭	닭	닭	닭	닭
닭	닭	닭	닭	닭	닭
닭	닭	닭	닭	닭	닭
닭	닭	닭	닭	닭	닭
닭	닭	닭	닭	닭	닭
닭	닭	닭	닭	닭	닭

닭	닭	닭	닭	닭	닭
닭	닭	닭	닭	닭	닭
닭	닭	닭	닭	닭	닭
닭	닭	닭	닭	닭	닭
닭	닭	닭	닳	닭	닭
닭	닭	닭	닭	닭	닭
닭	닭	닭	닭	닭	닭
닭	닭	닭	닭	닭	닭

정답은 93쪽에

레벨 업 2 정답

문제 1

문제 2

레벨업 3 정답

문제 1

꽃 꽃 꽃 꽃 꽃 꽃 꽃 꽃 꽃 꽃
꽃 꽃 꽃 꽃 꽃 꽃 꽃 꽃 꽃 꽃
꽃 꽃 꽃 꽃 꽃 꽃 꽃 꽃 꽃 꽃
꽃 (꽃) 꽃 꽃 꽃 꽃 꽃 꽃 꽃 꽃
꽃 꽃 꽃 꽃 꽃 꽃 꽃 꽃 꽃 꽃
꽃 꽃 꽃 꽃 꽃 꽃 꽃 꽃 꽃 꽃
꽃 꽃 꽃 꽃 꽃 꽃 꽃 꽃 꽃 꽃
꽃 꽃 꽃 꽃 꽃 꽃 꽃 꽃 꽃 꽃

문제 2

닭 닭 닭 닭 닭 닭 닭 닭 닭 닭
닭 닭 닭 닭 닭 닭 닭 닭 닭 닭
닭 닭 닭 닭 닭 닭 닭 닭 닭 닭
닭 닭 닭 닭 닭 닭 닭 닭 닭 닭
닭 닭 닭 닭 닭 닭 닭 (닭) 닭 닭
닭 닭 닭 닭 닭 닭 닭 닭 닭 닭
닭 닭 닭 닭 닭 닭 닭 닭 닭 닭
닭 닭 닭 닭 닭 닭 닭 닭 닭 닭

다른 모양 찾기

➡ 문제 푸는 방법은 41쪽에

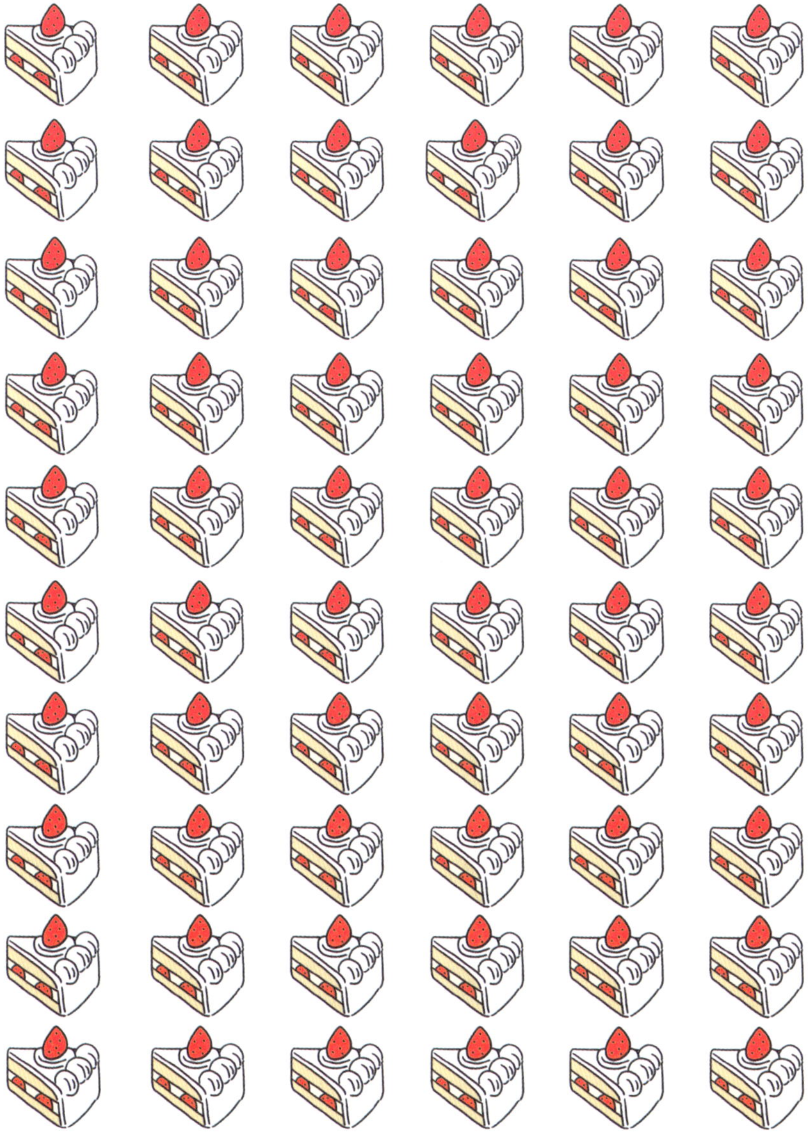

 정답은 100쪽에

다른 개수 찾기

문제 푸는 방법은 45쪽에

문제 1

시행착오	초지일관
대기만성	대기만성
	대기만성
시행착오	시행착오
대기만성	초지일관
	대기만성
초지일관	시행착오

정답은 101쪽에

인과응보	인과응보
일석이조	정정당당
	의기양양
정정당당	인과응보
인과응보	의기양양
	정정당당
일석이조	일석이조
의기양양	인과응보
	일석이조
정정당당	정정당당

온고지신	온고지신
동문서답	동문서답
구사일생	사방팔방
	온고지신
사방팔방	
	동문서답
동문서답	
	사방팔방
	구사일생
구사일생	온고지신
	구사일생
온고지신	동문서답

4 정답

문제 1

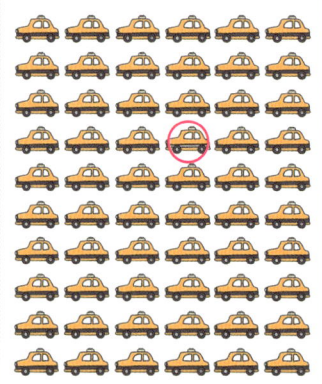

문제 2

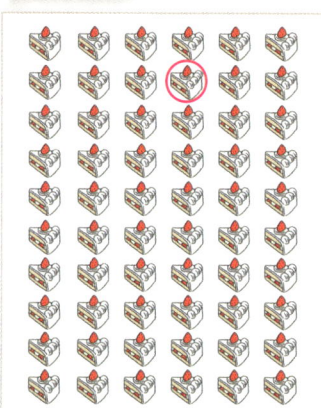

문제 3

정답

문제 1

시행착오   초지일관
대기만성   대기만성
             대기만성
시행착오
             시행착오
대기만성   (초지일관)
             (대기만성)
초지일관   시행착오

왼쪽과 비교해서 오른쪽에 '초지일관'과 '대기만성'이 하나씩 더 많다.

문제 2

인과응보   인과응보
             정정당당
일석이조   의기양양
정정당당   인과응보
인과응보   (의기양양)
             정정당당
일석이조   일석이조
의기양양   (인과응보)
             일석이조
정정당당   (정정당당)

왼쪽과 비교해서 오른쪽에 '의기양양'과 '인과응보', '정정당당'이 하나씩 더 많다.

문제 3

온고지신   온고지신
동문서답   동문서답
             사방팔방
구사일생   온고지신
사방팔방
             동문서답
동문서답   (사방팔방)
             구사일생
구사일생   (온고지신)
             구사일생
온고지신   (동문서답)

왼쪽과 비교해서 오른쪽에 '사방팔방'과 '온고지신', '동문서답'이 하나씩 더 많다.

문제에 나온 사자성어의 뜻은 다음과 같아요.

문제 1
- 시행착오 (試行錯誤)
  - 실패하면서 좋은 방향을 찾아가는 것.
- 대기만성 (大器晚成)
  - 크게 될 사람은 늦게 이루어짐을 이르는 것.
- 초지일관 (初志一貫)
  - 처음 결정한 것을 끝까지 이어 가는 것.

문제 2
- 인과응보 (因果應報)
  - 좋은 일을 하면 좋은 일이, 나쁜 일을 하면 나쁜 일이 생긴다는 것.
- 일석이조 (一石二鳥)
  - 동시에 두 가지 이득을 봄.
- 정정당당 (正正堂堂)
  - 거짓 없이 바른 모습.
- 의기양양 (意氣揚揚)
  - 뜻한 바를 이루어 만족한 마음이 얼굴에 나타난 모양.

문제 3
- 온고지신 (溫故知新)
  - 옛것에서 새로운 지식을 얻는 것.
- 동문서답 (東問西答)
  - 물음과는 전혀 상관없는 엉뚱한 대답.
- 구사일생 (九死一生)
  - 죽을 고비를 여러 차례 넘기고 겨우 살아남음.
- 사방팔방 (四方八方)
  - 여기저기 모든 방향이나 방면.

인식해서 찾기

➡ 문제 푸는 방법은 52쪽에

문제 1

글자 '으'가 들어가 있다면 ☑에 체크해 주세요.

에 카 우 지 펴 추 마 이 네 겨	☑
와 루 세 미 초 토 코 으 라 무	☑
아 매 후 치 지 빠 씨 으 레 며	☑
모 니 카 으 케 묘 워 사 애 유	☑
려 루 코 사 누 스 꽤 채 사 회	☑
쇼 즈 지 츠 다 미 노 카 마 오	☑
제 혀 디 니 데 취 스 갸 오 배	☑
휴 지 튀 소 쿠 데 죄 끄 으 루	☑
지 유 레 키 또 사 으 뒤 미 차	☑
트 녀 피 후 쥬 키 자 으 로 재	☑

정답은 108쪽에

글자 '에'가 들어가 있다면 ☑에 체크해 주세요.

모 지 후 아 히 유 사 오 요 테 ☐

이 레 오 쿠 쵸 야 메 미 에 아 ☐

큐 시 피 바 미 췌 홰 에 오 데 ☐

빠 해 크 유 데 아 쥐 쿄 재 츄 ☐

서 야 취 저 사 에 캐 위 지 머 ☐

커 셔 위 지 리 키 묘 노 에 갸 ☐

보 효 이 귀 삐 키 우 니 유 너 ☐

쩨 쑤 아 자 우 새 오 도 줘 애 ☐

코 미 껴 레 히 유 사 표 져 처 ☐

저 푸 와 키 에 의 려 주 메 벼 ☐

정답은 108쪽에

자음 모음 찾기

▶ 문제 푸는 방법은 57쪽에

보기 의 낱자가 들어가 있는 글자의 수를 세어 보세요.

듀	튜	밭	발	널
당	낫	방	털	덜
탕	낱	난	던	테
도	툭	둑	넌	데
토	퉈	두	팜	더
돼	퉤	팡	팥	단

정답은 109쪽에

 의 낱자가 들어가 있는 글자의 수를 세어 보세요.

죄	졌	좀	쎄	세
석	섰	즘	쩨	정
잣	족	즘	증	성
짓	젓	씀	적	종
싰	싯	삿	쩍	석
식	섭	살	쩍	설

보기 의 낱자가 들어가 있는 글자의 수를 세어 보세요.

었	홀	흑	흘	닥
꿈	억	흩	녘	닦
덕	칡	씩	복	닭
낚	짧	옆	국	젊
삿	넓	읽	얇	듬
삶	삯	쌀	뜬	뜻

6 정답

문제 1

에 카 우 지 **펴** 추 마 이 네 겨 ✓
와 루 세 미 **초** 토 코 으 라 무 ✓
아 매 후 치 **지** 빠 씨 으 레 며 ✓
모 니 카 으 케 **묘** 워 사 애 유 ✓
려 루 코 사 **누** 스 꽤 채 사 회 ✓
쇼 즈 지 츠 **댜** 미 노 카 마 오 ✓
제 혀 디 니 데 **취** 스 갸 오 배 ✓
휴 지 튀 소 쿠 데 **죄** 끄 으 루 ✓
지 유 레 키 또 사 으 **뒤** 미 차 ✓
트 녀 피 후 **쥬** 키 자 으 로 재 ✓

문제 2

모 지 후 아 히 유 사 오 **요** 테 ✓
이 레 오 쿠 **죠** 야 메 미 에 아 ✓
큐 시 피 바 미 **췌** 홰 에 오 데 ✓
빠 해 크 유 데 아 **쥐** 쿄 재 츄 ✓
서 야 취 저 사 에 캐 **위** 지 며 ✓
커 셔 위 지 리 키 **묘** 노 에 갸 ✓
보 효 이 귀 **삐** 키 우 니 유 너 ✓
쩨 쑤 아 자 우 새 오 도 **줴** 애 ✓
코 미 껴 레 히 유 사 **표** 져 처 ✓
저 푸 와 키 에 **의** 려 주 메 벼 ✓

레벨업 7 정답

문제 1

듀	튜	밭	발	널
당	낫	방	털	덜
탕	낱	난	던	테
도	툭	둑	넌	데
토	뒈	두	팜	더
돼	퉤	팡	팥	단

10개

문제 2

죄	졌	좀	쎄	세
석	섰	즘	쩨	정
잣	족	즘	증	성
짓	젓	씀	적	종
씼	싯	삿	쩍	석
식	섭	살	쩍	설

5개

문제 3

었	홀	흙	흘	닦
꿈	억	흩	녘	닭
덖	칡	씩	복	닮
낡	짧	엷	굵	젊
삿	넓	읽	얇	듦
삶	삵	쌀	뜯	뜻

7개

이미지 외우기

➡ 문제 푸는 방법은 63쪽에

문제 1

 정답 칸은 114쪽에

 정답 칸은 116쪽에

문제 4

정답 칸은 117쪽에

문제 1 정답 칸

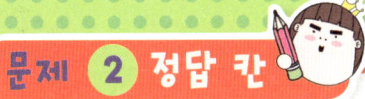

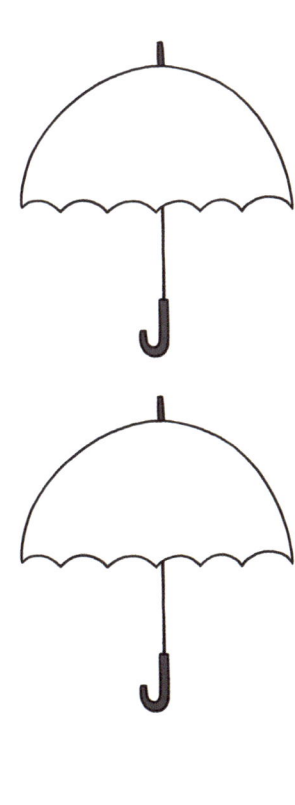

글자 외우기

문제 푸는 방법은 70쪽에

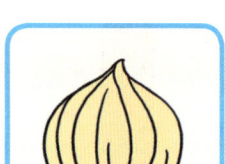

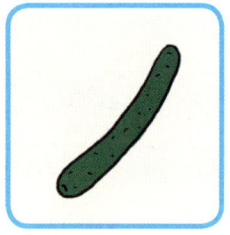

정답 칸은 121쪽에

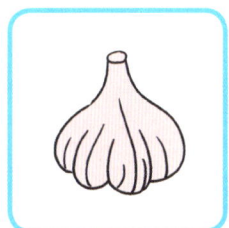

정답 칸은 122쪽에

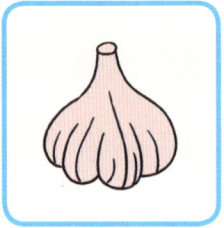

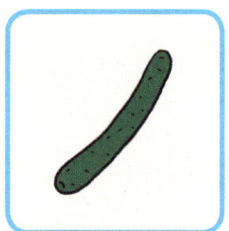

정답 칸은 123쪽에

9 정답

문제 1

- 감자 potato
- 양파 onion
- 호박 pumpkin
- 오이 cucumber
- 당근 carrot

문제 2

- 생강 ginger
- 마늘 garlic
- 호박 pumpkin
- 양파 onion
- 옥수수 corn
- 감자 potato

문제 3

- 마늘 garlic
- 당근 carrot
- 옥수수 corn
- 오이 cucumber
- 호박 pumpkin
- 생강 ginger

끝말잇기

문제 푸는 방법은 75쪽에

서울 ⋯▶ ☐☐ ⋯▶ 도라지

인천 ⋯▶ ☐☐☐ ⋯▶ 사다리

대전 ⋯▶ ☐☐☐ ⋯▶ 품목

광주 ⋯▶ ☐☐ ⋯▶ 자장면

대구 ⋯▶ ☐☐☐ ⋯▶ 게임기

속초 ⋯▶ ☐☐☐ ⋯▶ 교실

부산 ⋯▶ ☐☐☐ ⋯▶ 전라도

제주도 ⋯▶ ☐☐☐ ⋯▶ 관점

동해 ⋯▶ ☐☐☐☐ ⋯▶ 행복

대한민국 ⋯▶ ☐☐☐☐ ⋯▶ 원피스

해바라기 ⋯▶ ☐☐☐ ⋯▶ 북한

민들레 ⋯▶ ☐☐ ⋯▶ 드릴

개나리 ⋯▶ ☐☐☐ ⋯▶ 티켓

코스모스 ⋯▶ ☐☐☐ ⋯▶ 폰트

나팔꽃 ⋯▶ ☐☐☐ ⋯▶ 이마

진달래 ⋯▶ ☐☐☐ ⋯▶ 유리컵

백일홍 ⋯▶ ☐☐☐ ⋯▶ 간호사

봉숭아 ⋯▶ ☐☐☐ ⋯▶ 니체

무궁화 ⋯▶ ☐☐☐ ⋯▶ 애착

장미 ⋯▶ ☐☐☐☐ ⋯▶ 아파트

 정답은 128쪽에

문제 3

러시아 ⋯▶ ☐☐☐☐ ⋯▶ 카라멜

카레라이스 ⋯▶ ☐☐☐ ⋯▶ 스키

하모니카 ⋯▶ ☐☐☐ ⋯▶ 마음

시나리오 ⋯▶ ☐☐☐☐☐ ⋯▶ 아들

교토 ⋯▶ ☐☐☐☐ ⋯▶ 첩보

마시멜로 ⋯▶ ☐☐☐☐☐☐ ⋯▶ 스낵

캠프 ⋯▶ ☐☐☐☐☐ ⋯▶ 인간

영화배우 ⋯▶ ☐☐☐☐☐ ⋯▶ 탄력

파티 ⋯▶ ☐☐☐☐☐☐ ⋯▶ 스포츠

포크 ⋯▶ ☐☐☐☐☐☐☐ ⋯▶ 브라질

정답은 128쪽에

10 정답

문제 1

서울 ⋯ 울릉도 ⋯ 도라지
인천 ⋯ 천하장사 ⋯ 사다리
대전 ⋯ 전자제품 ⋯ 품목
광주 ⋯ 주전자 ⋯ 자장면
대구 ⋯ 구멍가게 ⋯ 게임기
속초 ⋯ 초등학교 ⋯ 교실
부산 ⋯ 산전수전 ⋯ 전라도
제주도 ⋯ 도서관 ⋯ 관점
동해 ⋯ 해외여행 ⋯ 행복
대한민국 ⋯ 국회의원 ⋯ 원피스

문제 2

해바라기 ⋯ 기네스북 ⋯ 북한
민들레 ⋯ 레코드 ⋯ 드릴
개나리 ⋯ 리얼리티 ⋯ 티켓
코스모스 ⋯ 스마트폰 ⋯ 폰트
나팔꽃 ⋯ 꽃게잡이 ⋯ 이마
진달래 ⋯ 내강외유 ⋯ 유리컵
백일홍 ⋯ 홍익인간 ⋯ 간호사
봉숭아 ⋯ 아주머니 ⋯ 니체
무궁화 ⋯ 화기애애 ⋯ 애착
장미 ⋯ 미스코리아 ⋯ 아파트

문제 3

러시아 ⋯ 아프리카 ⋯ 카라멜
카레라이스 ⋯ 스트레스 ⋯ 스키
하모니카 ⋯ 카리스마 ⋯ 마음
시나리오 ⋯ 오스트리아 ⋯ 아들
교토 ⋯ 토마토케첩 ⋯ 첩보

마시멜로 ⋯ 로스앤젤레스 ⋯ 스낵
캠프 ⋯ 프랑켄슈타인 ⋯ 인간
영화배우 ⋯ 우즈베키스탄 ⋯ 탄력
파티 ⋯ 티라노사우루스 ⋯ 스포츠
포크 ⋯ 크리스마스이브 ⋯ 브라질

11 글을 이미지화하기

먼저 문제에 쓰인 이야기를 읽어 보세요. 그리고 어떤 모습의 사람인지, 어떤 풍경이 펼쳐져 있는지, 읽으면서 머릿속에 떠오른 장면을 정답 칸에 그리는 거예요.

그림 실력과는 상관없어요. 표현한 그림이 정답 그림과 조금이라도 비슷하다면 정답이랍니다.

이 문제에 익숙해지면 글을 읽으면서 그 장면을 떠올리며 상상을 하게 돼요. 그러다 보면 이야기를 읽는 것이 즐거워지고, 독서도, 국어 수업도 더 좋아하게 될 거예요.

문제 푸는 방법 다음 글을 읽고 머릿속에 떠오르는 장면을 그림으로 그려 보세요.

눈을 떴을 때는 믿기지 않는 풍경이 펼쳐져 있었다. 해가 사각형이었다! 나는 눈을 깜박였다. 구름은? 둥글고 푹신한 솜덩어리 대신 얇은 네모 몇 개가 머리 위로 천천히 떠다니고 있었다.

－맥스 브룩스 글,
《마인크래프트: 좀비 섬의 비밀》,
제제의숲

문제 1

다음 글을 읽고 머릿속에 떠오르는 장면을 정답 칸에 그림으로 그려 보세요.

그러다가 어느새 새벽이 되었습니다. 그제야 아기별은 깜짝 놀라 소리쳤습니다.

"큰일 났다. 바위나리야, 나는 얼른 가야 돼. 오늘 밤에 또 올게. 울지 말고 기다려, 응?"

아기별이 돌아가려고 하니까 바위나리가 아기별의 옷깃을 꼭 붙들고 울면서 놓지 않았습니다.

"나는 얼른 가야만 돼! 더 늦으면 하늘 문이 닫혀서 들어갈 수가 없어. 오늘 밤에 꼭 다시 내려올게."

아기별은 이렇게 말하고 스르르 하늘 위로 올라갔습니다. 바위나리는 하는 수 없이 밤이 되기만을 기다렸습니다.

아무에게도 들키지 않고 돌아간 아기별도 어서어서 밤이 되기를 기다렸습니다.

마해송 글, 《바위나리와 아기별》, 3-2 국어 교과서

정답 칸은 134쪽에

다음 글을 읽고 머릿속에 떠오르는 장면을 정답 칸에 그림으로 그려 보세요.

  원님이 한 걸음 나앉으며 두 옹고집을 번갈아 유심히 살폈다. 그러나 곧 고개를 절레절레 내저으며 신음 소리를 냈다.
  진짜 옹고집이 먼저 말했다.
  "사또, 저는 조상 대대로 옹당촌에 사옵는데 천만뜻밖에도 저와 똑같이 생긴 놈이 태연히 들어와서 저희 집을 자기 집이라, 저희 가족을 자기 가족이라 하니, 세상에 이런 변이 또 어디 있겠습니까? 슬기로우신 사또께서 엄히 다스려 밝혀 주옵소서."
  듣고 있던 가짜 옹고집이 억울해서 죽겠다는 듯이 나섰다.
  "사또, 제가 드릴 말씀을 저놈이 미리 다 말해 버렸으니 기가 찰 노릇입니다. 현명하신 사또께서 살피시어 진짜와 가짜를 가려만 주신다면 이 몸은 죽어도 한이 없겠습니다."
  원님은 여러 번 헛기침을 하며 난처한 표정을 짓더니 느닷없이 명령을 했다.
  "저 두 옹가의 옷을 벗겨라!"

작자 미상, 《옹고집전》, 5-1 국어 교과서

정답 칸은 135쪽에

문제 3

다음 글을 읽고 머릿속에 떠오르는 장면을 정답 칸에 그림으로 그려 보세요.

 그리고 그들은 창남이가 신고 섰는 구두를 보고 더욱 크게 웃었다.
 그의 오른편 구두는 헝겊으로 싸매고, 또 새끼로 감아 매고, 또 그 위에 손수건으로 싸매고 하여 퉁퉁하기 짝이 없었다.
"창남아, 오늘은 웬일로 늦었느냐?"
"예."
하고 창남이는 그 괴상한 퉁퉁한 구두를 신은 발을 번쩍 들고,
"오다가 길에서 구두가 다 떨어져 너덜거리기에 새끼를 얻어서 고쳐 신었더니, 또 너덜거리고 또 너덜거리고 해서, 여섯 번이나 제 손으로 고쳐 신고 오느라고 늦었습니다."
 그러고도 창남이는 태평이었다.

방정환 글, 《만년 샤쓰》, 4-2 국어 교과서

정답 칸은 136쪽에

다음 글을 읽고 머릿속에 떠오르는 장면을 정답 칸에 그림으로 그려 보세요.

세 아이는 소풍 바구니를 챙겨 든 다음 후다닥 덤불로 뛰어들었다. 정말 아슬아슬했다. 베스가 자리를 잡고 나서 수풀을 살며시 헤치고 밖을 내다본 순간, 한 무리 사람들이 도착했다. 사람들은 키가 아주 작았고 방울이 달린 모자를 쓰고 있었다!
"땅속 요정이야!"
조가 동생들에게 속삭였다.
요정들은 버섯 쪽으로 가서 자리를 잡더니 회의를 시작했다.
여섯 요정 중 하나가 가지고 있던 가방을 버섯 뒤에 내려놓았다. 요정들이 정확히 무슨 이야기를 나누는지 알 수 없었지만, 세 남매는 요정들의 목소리를 들었고 간간이 한두 마디를 알아듣기도 했다.

에니드 블라이턴 글, 《매직 트리 스토리 1권 냄비 할아버지가 사는 나라》,
제제의숲

정답 칸은 137쪽에

문제 1 정답 칸

130쪽 글을 읽고 떠오르는 장면을 그림으로 그려 보세요.

 정답 예시 그림은 138쪽에

문제 2 정답 칸

131쪽 글을 읽고 떠오르는 장면을 그림으로 그려 보세요.

정답 예시 그림은 138쪽에

문제 3 정답 칸

132쪽 글을 읽고 떠오르는 장면을 그림으로 그려 보세요.

정답 예시 그림은 139쪽에

133쪽 글을 읽고 떠오르는 장면을 그림으로 그려 보세요.

정답 예시 그림은 139쪽에

11 정답 예시 그림

문제 1

문제 2

문제 3

문제 4

꼬리말

　문제를 풀어 보니 어떤가요? 이 책을 읽기 전과 비교했을 때 조금은 책을 읽어 보고 싶다는 생각이 들었다면 성공한 거예요. 게다가 지금 이 글까지 읽고 있다면 더욱 그렇지요. 당장 서점에 가서 읽고 싶은 책을 찾아보세요!

　그동안 부모님이 '이 책을 읽어 보면 어떨까?' 하고 이 책을 주었을지도 모르지만, 이제부터는 스스로 재미있겠다고 생각하는 책을 골라서 읽으면 돼요. 그래도 부모님이 다른 책을 추천한다면, 자신이 고른 책과 부모님이 추천한 책을 비교해 보고, 정말 읽고 싶다는 생각이 드는 책을 고르세요. 자신의 의견을 제대로 말하면서요.

　책을 읽는 즐거움을 많이 느끼고 싶다면 '글자가 조금 많은 책'을 골라 보세요. 글자가 많은 책은 글을 보고 마음껏 장면을 상상할 수 있거든요. 글자가 많으니까 장면을 상상할 기회도 많아지고 그러다 보면 글을 이미지화하는 힘을 훨씬 많이 키울 수 있어요.

　그리고 책을 읽고 난 후에 꼭 책 내용과 책을 읽고 느낀 점을 부모님께 이야기해 주세요. 다른 사람에게 이야기를 하는 것이 내용을 정리하고 머릿속을 정리하는 데 도움이 되니까요. 특히 자신보다 어린 동생에게 쉽게 이야기를 전달하는 일은 책의 내용 정리에 아주 큰 도움이 된답니다.

 책을 읽는 일은 전 세계의 여러 사람들의 생각을 만나는 일이에요. 책을 많이 읽을수록 여러분이 여러 사람을 만날 기회도 많아지고, 여러분 각자의 세계도 점점 넓어질 거예요. 독서는 국어 시험처럼 점수를 매기는 것이 목적이 아니니까요.

 부디 어떤 생각이 맞다거나 틀리다거나 하는 사소한 것에 얽매이지 말고, 책을 읽고 느낀 것을 소중하게 생각하고, 많은 책과의 만남을 즐겨 주세요.

 그리고 마지막으로 한 가지만 더!

 책은 즐겁게 읽는 거랍니다!

 독서를 할 때는 '어떤 재미있는 것이 숨어 있을까?' 하는 두근두근 설레는 마음으로 책장을 넘겨 주세요. 반드시 어제와는 다른, 새로운 발견과 만남이 여러분을 기다리고 있을 거예요.

 이 책을 계기로, 보물이라고 생각하는 책을 찾는다면 저에게 '찾았어요!' 하고 알려 주세요.

저자 가즈마사 쓰노다

놀이하듯 즐겁게! 재미있는 독서 훈련법!

책 읽기를 싫어하고, 글자 많은 책이 어렵고, 아무리 공부를 해도 국어 성적이 오르지 않는다면 책 읽기가 즐겁지 않기 때문일 거예요. '독서'를 따분하고 재미없는 취미라고 생각하는 사람들 또한 그런 이유일 테고요.

그렇다면 책 읽기를 즐겁게 할 수 있는 방법은 없는 걸까요?

글을 '읽고 이해하기'보다는 '보고 이해하기'로 습관을 바꾼다면 어떨까요?

우리는 독서를 할 때 글자를 읽는 것에 치중해서 독서를 하다가 쉽게 피로해지고, 집중하지 못해서 책을 덮어 버리는 경우가 많잖아요. 하지만 글자를 읽는 것이 아니라, 글자의 의미를 '이미지화'해서 이해한다면 보다 재미있고 빨리 책을 읽을 수 있어요. 그 방법을 다양한 훈련법으로 재미있게 익힐 수 있도록 구성한 책이 바로《신기한 독서 훈련》입니다.

이 책에 나와 있는 기초편과 응용편의 독서 훈련법을 하나하나 따라 하다 보면, 책을 읽을 때 한 글자도 빠짐없이 읽지 않아도 어휘력과 글자를 이미지화하는 능력을 익히고 키워서 책의 내용을 빨리 파악할 수 있어요.

　'다른 그림 찾기, 다른 글자 찾기, 다른 모양 찾기, 끝말잇기 따위가 정말 즐겁게 책을 읽을 수 있게 도와줄까?'

　이런 의문을 가질 수도 있지만, 이 책에 나온 독서 훈련법을 반복해서 꾸준히 따라 하고 응용하면, 어느새 많은 책을 빠르게 읽을 수 있게 되고 독서 습관이 자연스레 자리 잡을 거랍니다.

　이 책은 물론 어린이를 대상으로 하지만 어른, 아이 할 것 없이 모든 연령대가 즐길 수 있어요. 온 가족이 함께 게임을 하듯 도전해 보며 책 읽기가 즐거워지는 평생 독서 습관을 길러 보세요!

옮긴이 혜원

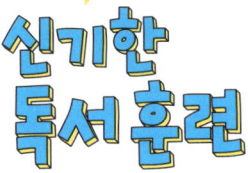

1판 1쇄 인쇄 2019년 10월 21일
1판 1쇄 발행 2019년 11월 1일

글쓴이 가즈마사 쓰노다 | 그린이 오우성 | 옮긴이 혜원
발행인 오영진 김진갑 | 발행처 제제의숲
기획편집 이희자 | 디자인 페이퍼민트 | 마케팅 박시현 박미애 신하은 박준서 | 경영지원 이혜선
출판등록 2013년 1월 25일 제2013-000028호
주소 서울시 마포구 월드컵북로5가길 12 서교빌딩 2층 전화 02-332-3310 팩스 02-332-7741
블로그 blog.naver.com/midnightbookstore
페이스북 www.facebook.com/tornadobook
ISBN 979-11-5873-153-3 73370

제제의숲은 ㈜심야책방의 자회사입니다.
이 책은 저작권법에 따라 보호를 받는 저작물이므로 무단전재와 무단복제를 금하며,
이 책 내용의 전부 또는 일부를 사용하려면 반드시 저작권자와 제제의숲의 서면 동의를 받아야 합니다.

잘못되거나 파손된 책은 구입하신 서점에서 교환해 드립니다.
맞춤법과 띄어쓰기는 국립국어원의 기준에 따랐습니다.
책 모서리가 날카로워 다칠 수 있으니 사람을 향해 던지거나 떨어뜨리지 마십시오.
종이에 베이지 않게 주의하세요.
책값은 뒤표지에 있습니다.

이 도서의 국립중앙도서관 출판예정도서목록(CIP)은
서지정보유통지원시스템 홈페이지(http://seoji.nl.go.kr)와
국가자료공동목록시스템(http://www.nl.go.kr/kolisnet)에서 이용하실 수 있습니다.
(CIP제어번호: CIP2019037084)